I0485282

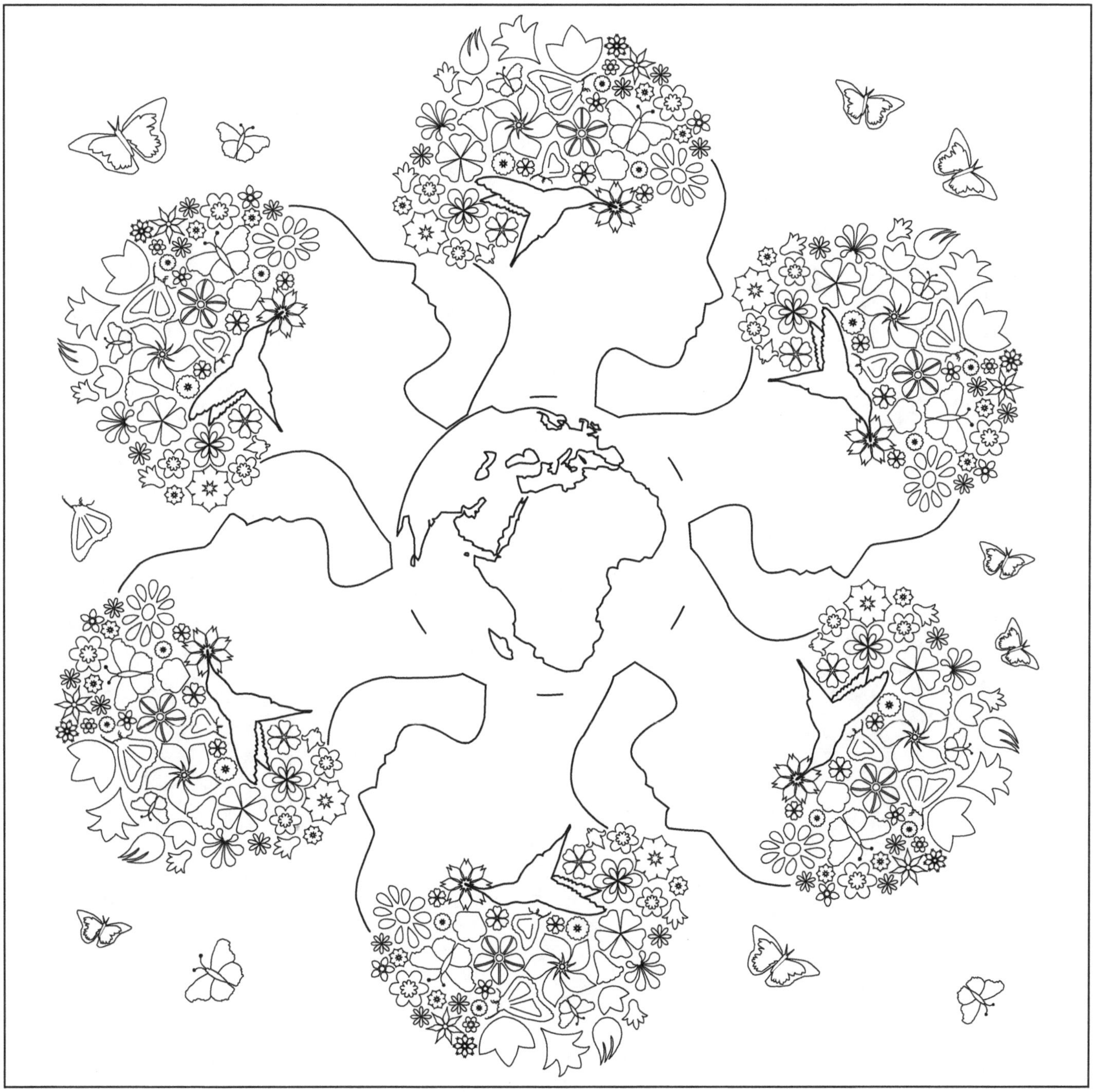

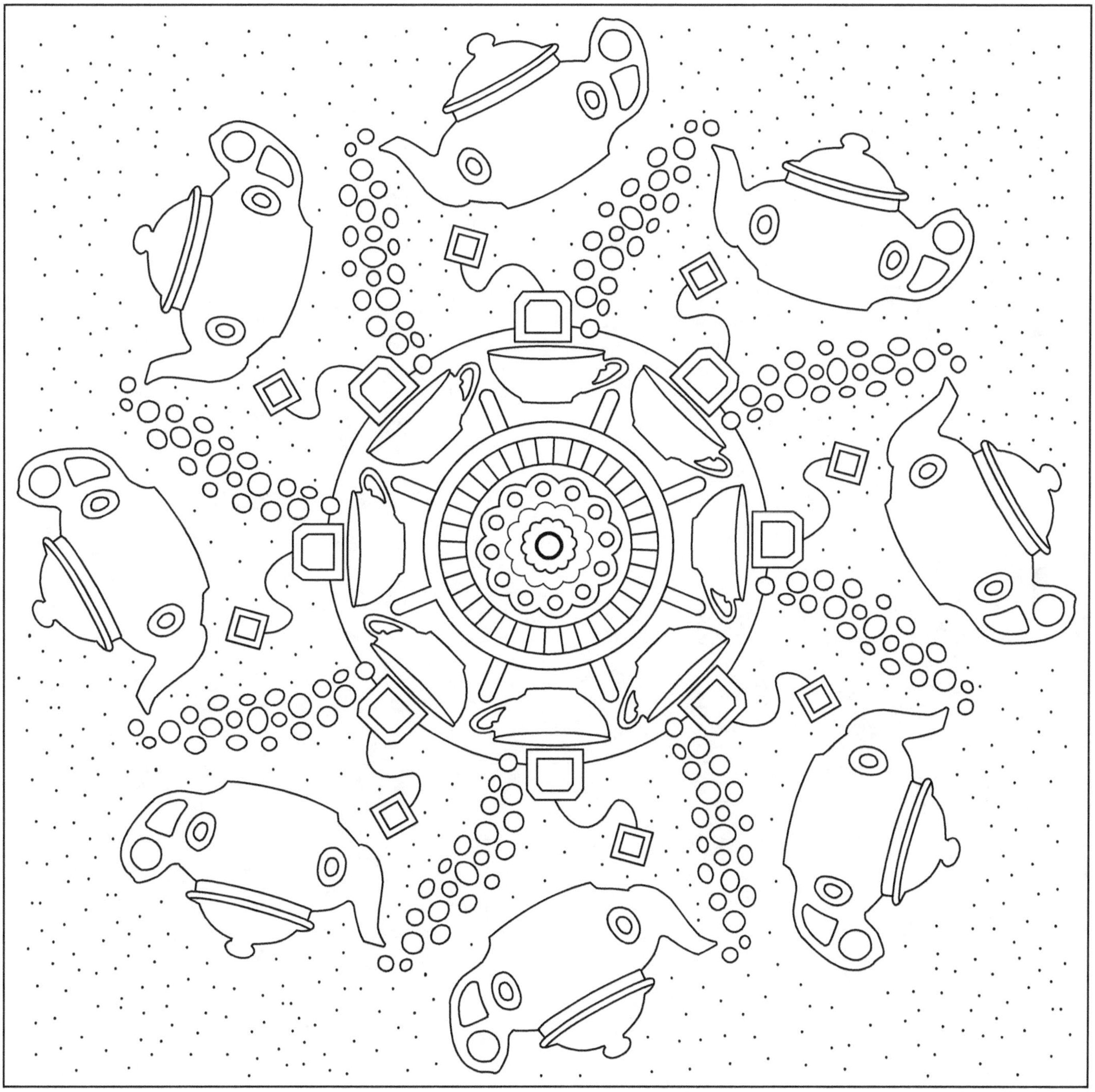

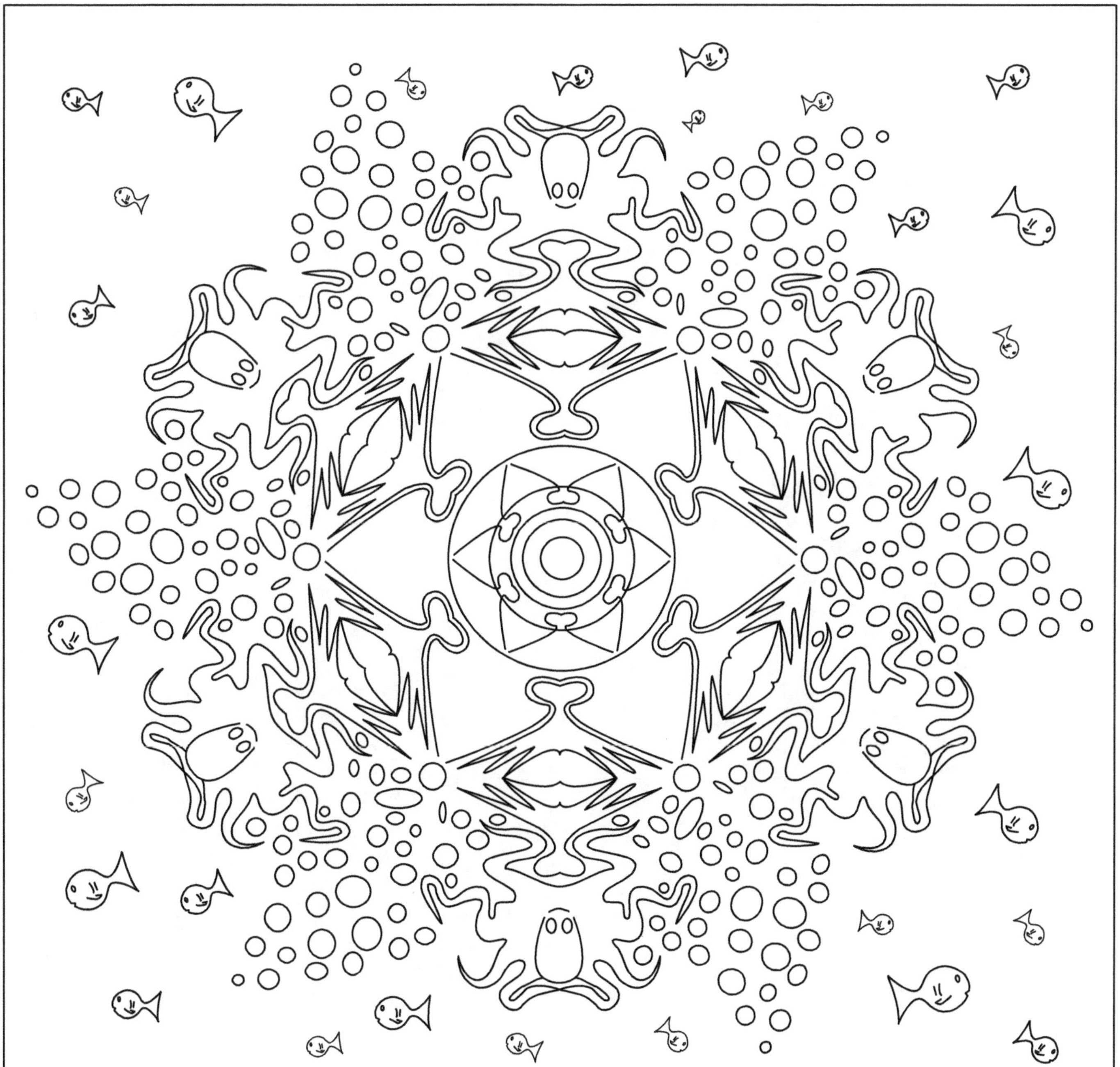

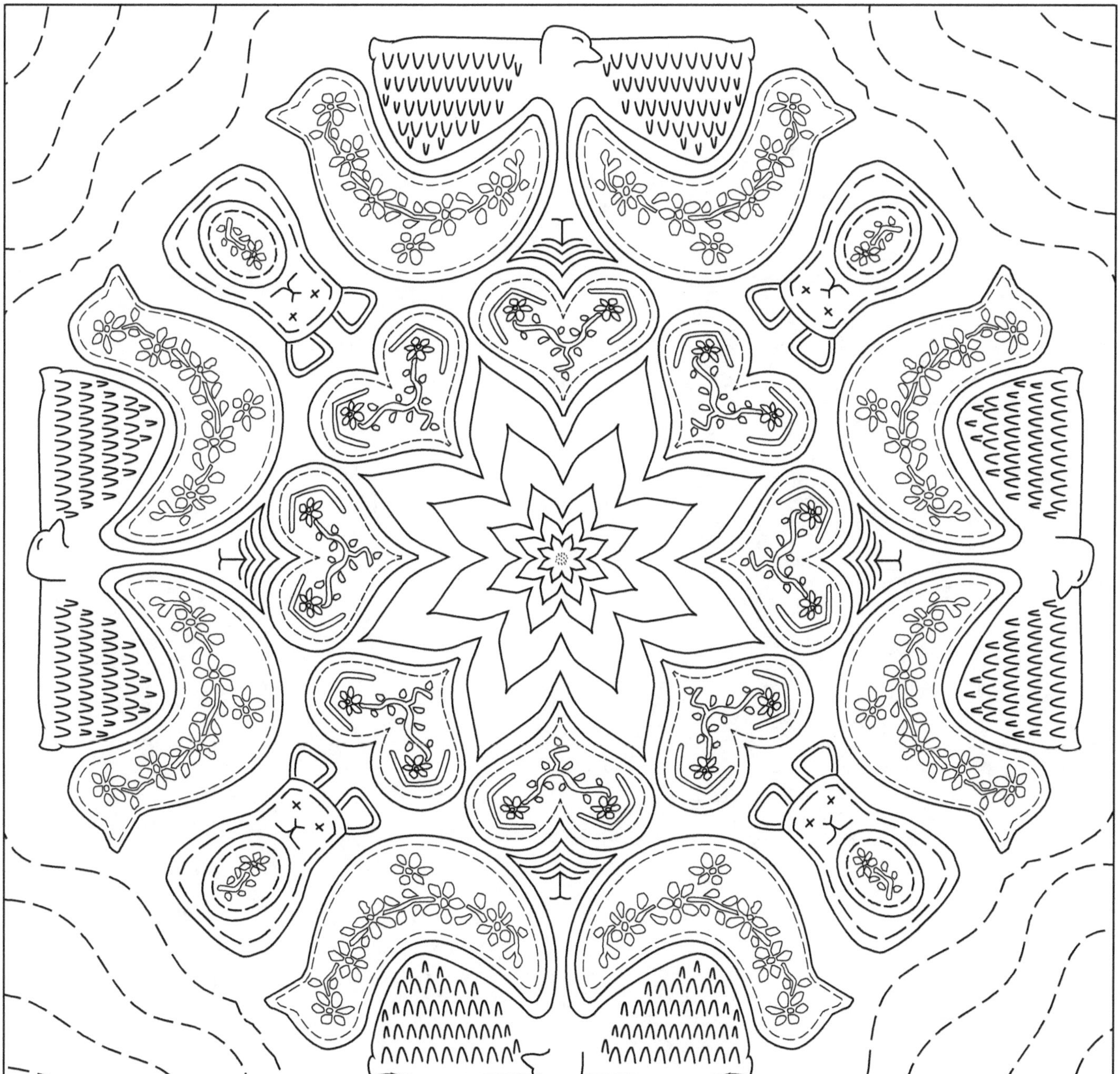

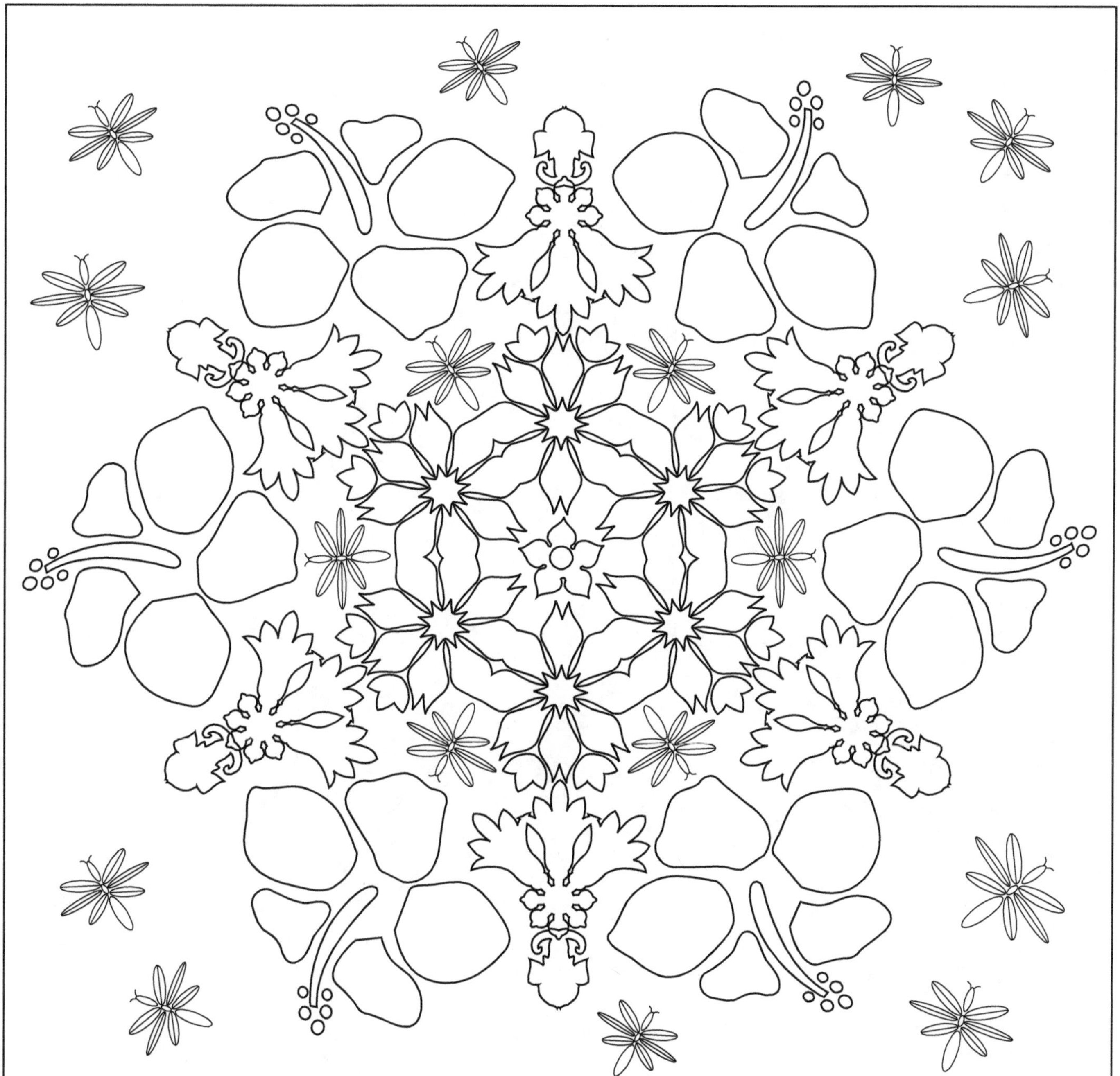

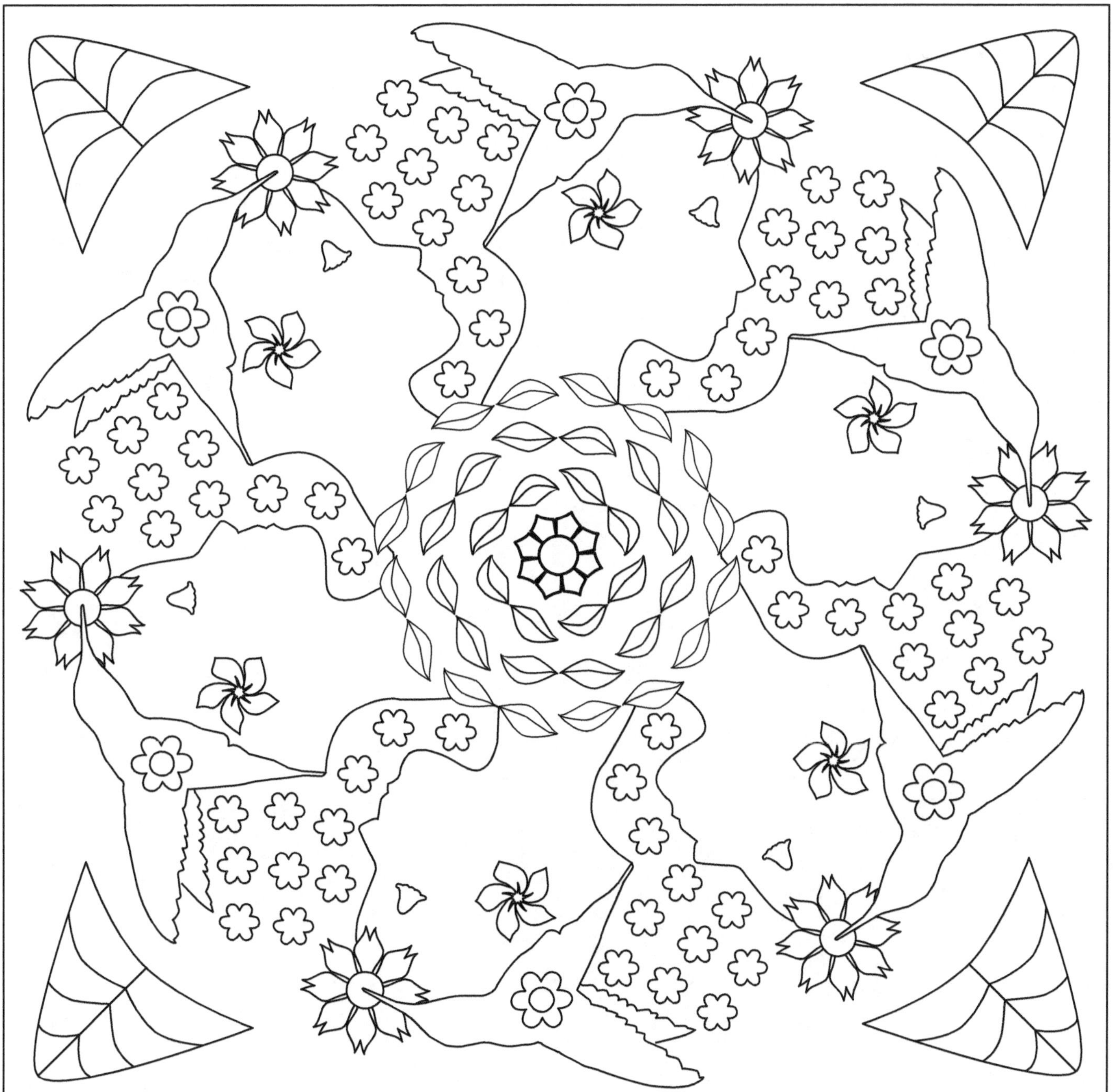

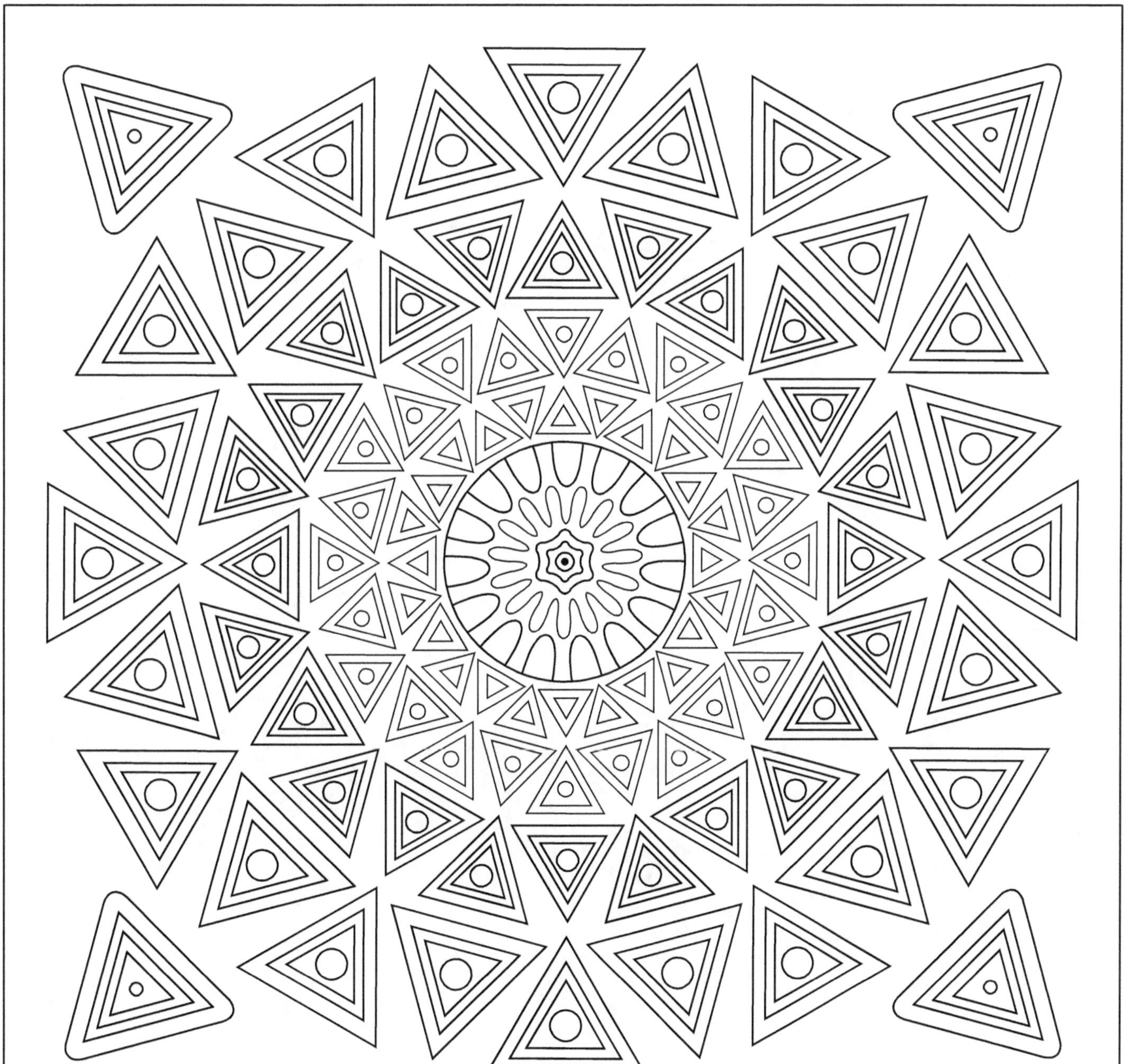

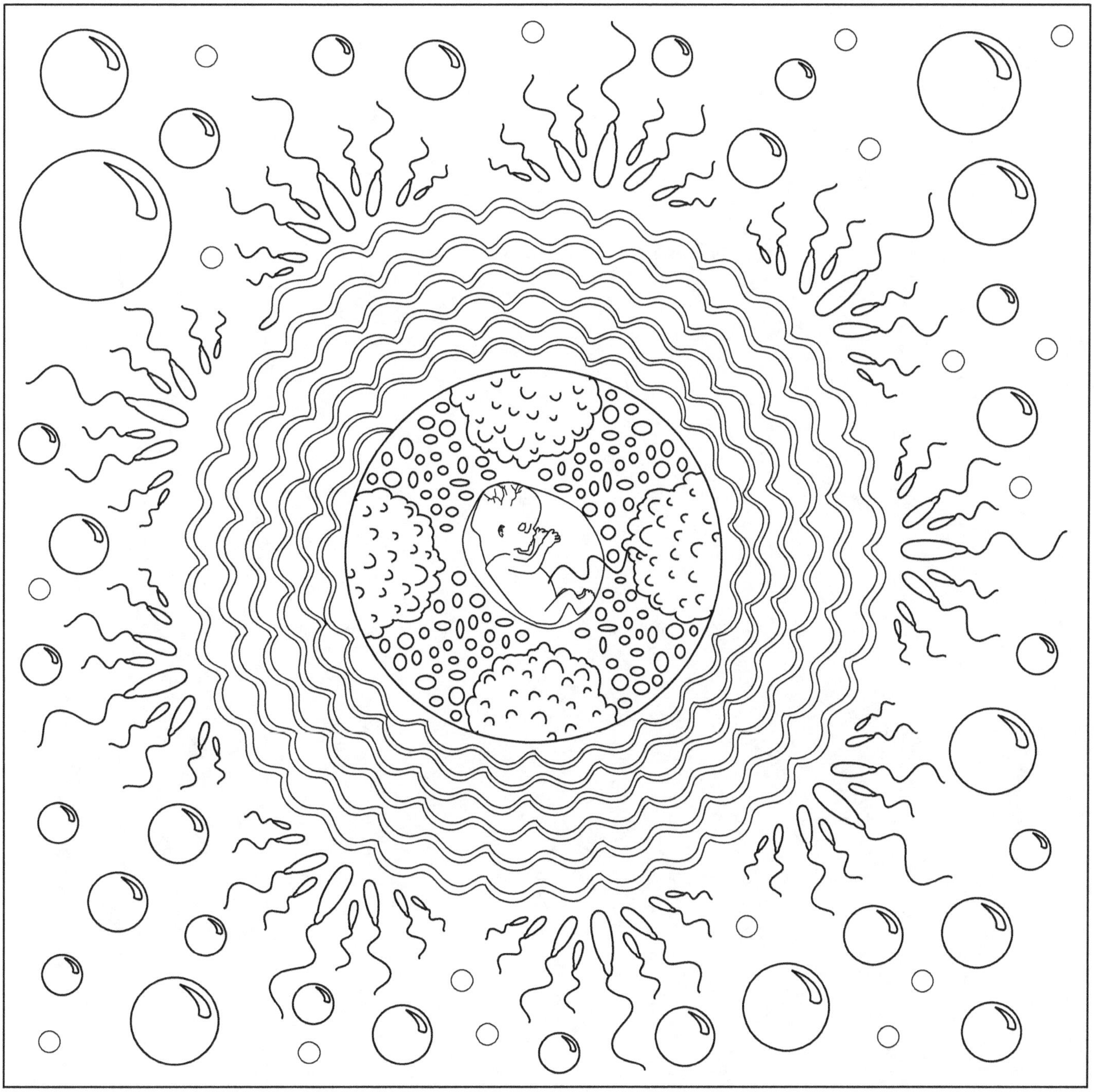

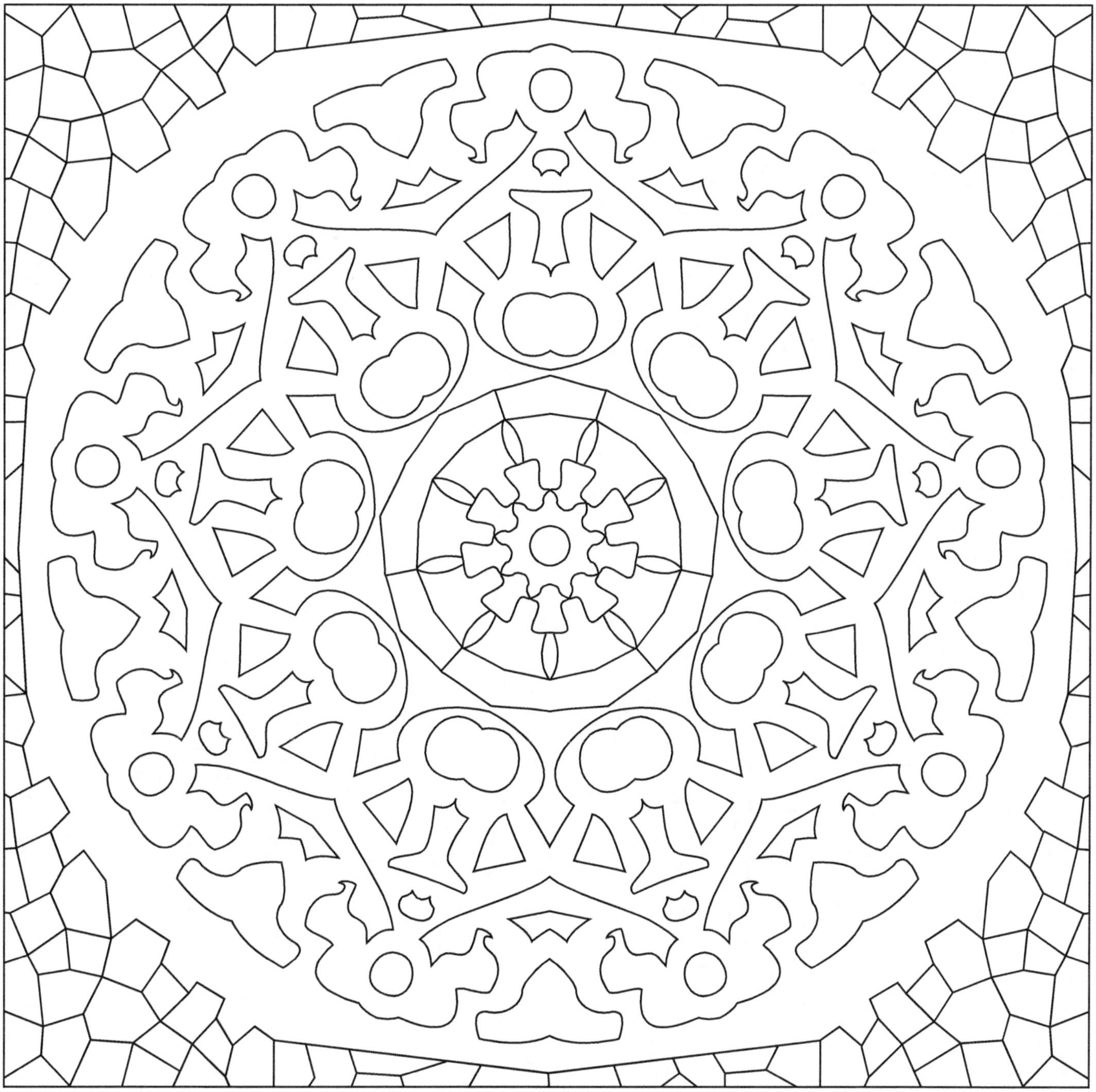

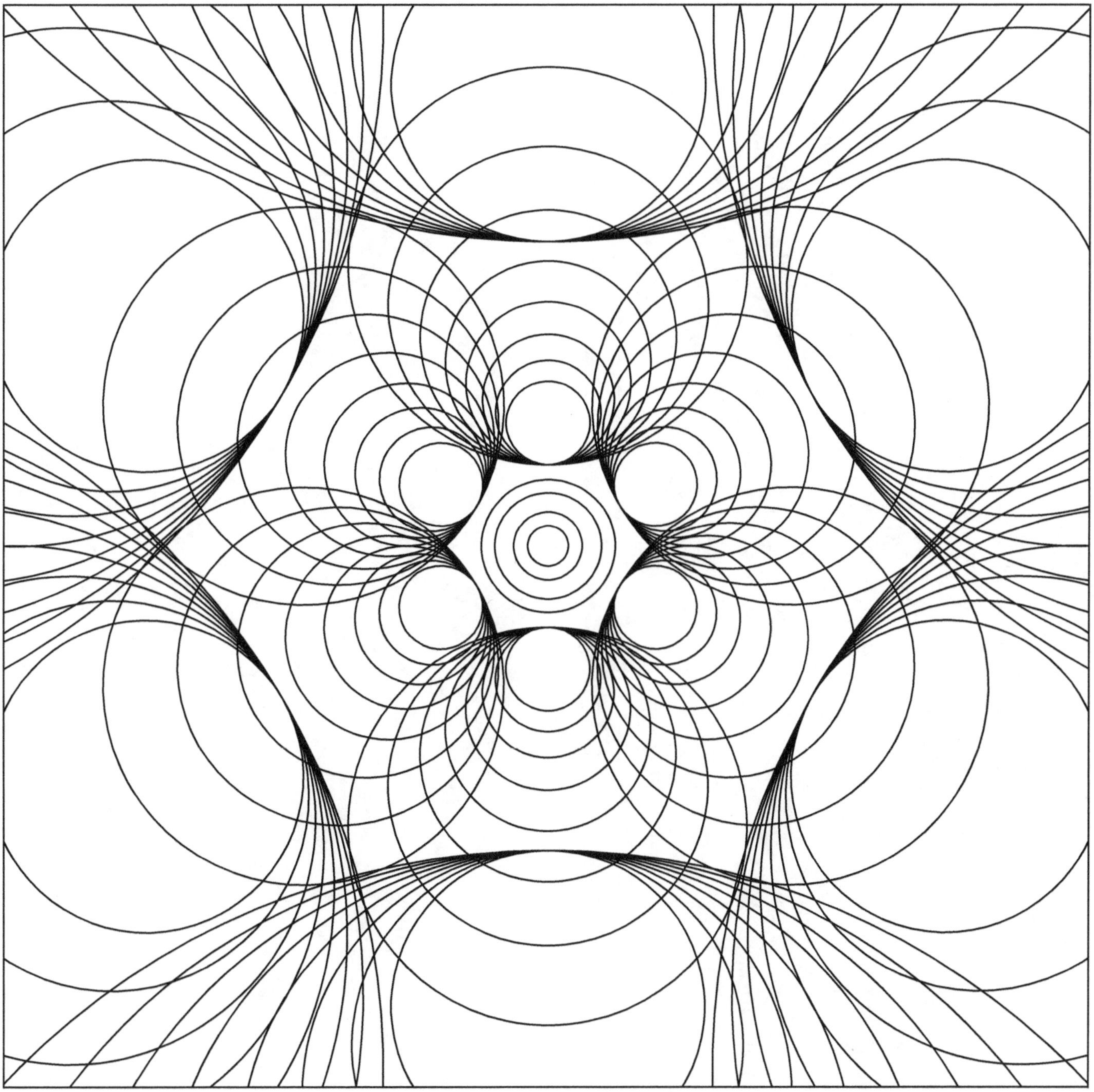

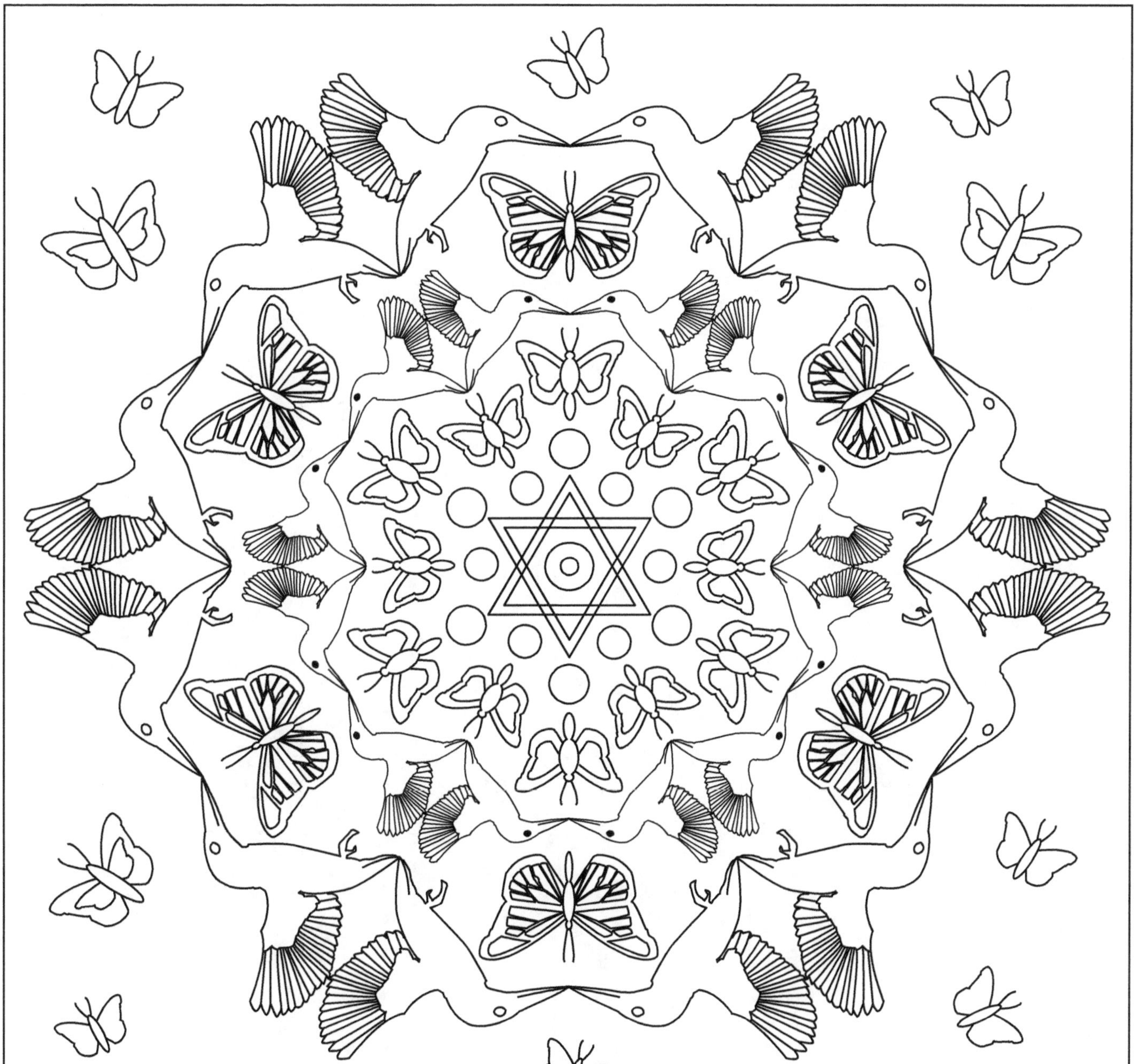

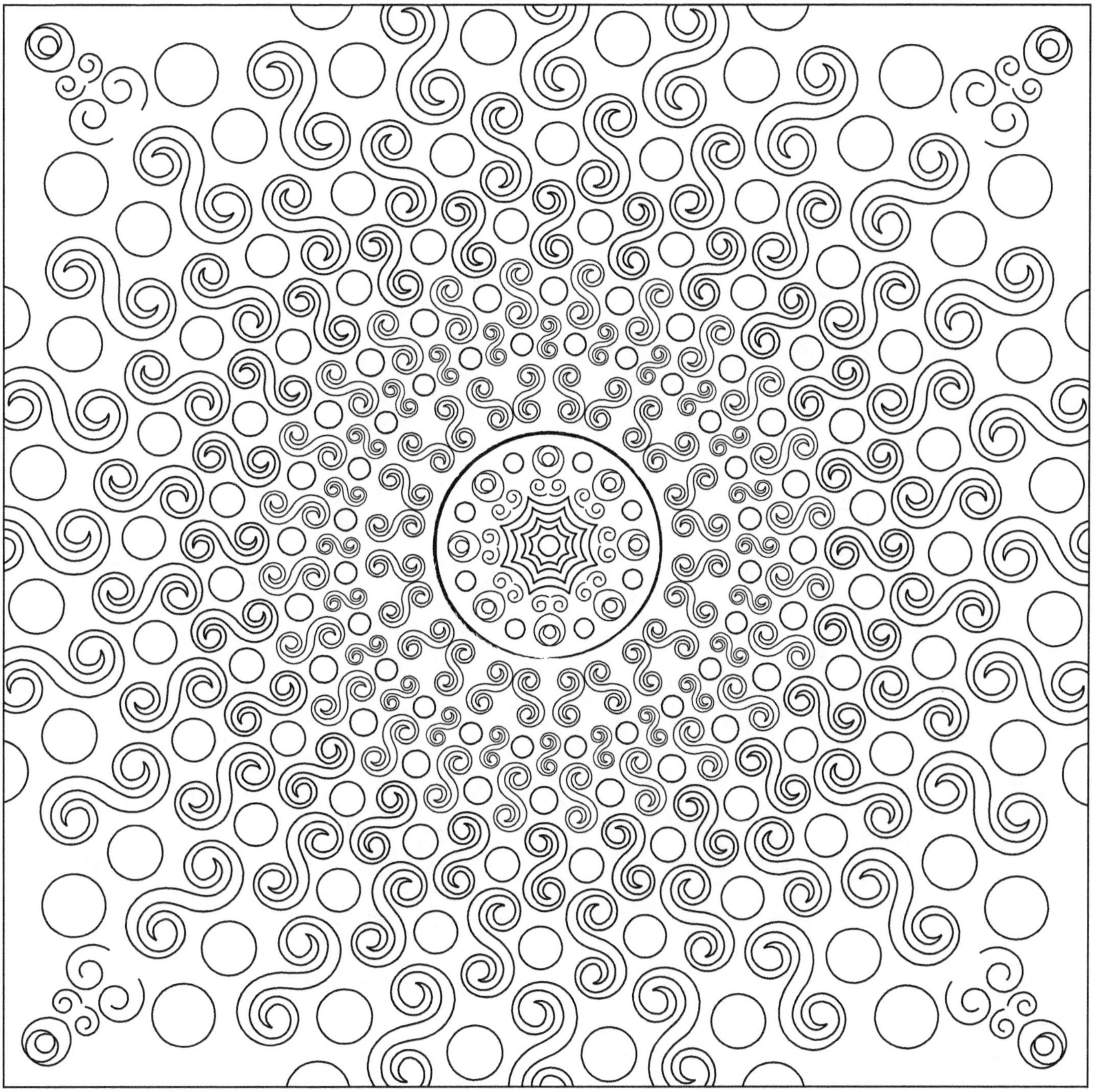

www.ingramcontent.com/pod-product-compliance
Lightning Source LLC
Chambersburg PA
CBHW080632180526
45168CB00007B/3136
* 9 7 8 1 5 1 7 1 4 0 2 7 4 *